오늘 당신의 장례엔 눈이 내리지

시작시인선 0544 오늘 당신의 장례엔 눈이 내리지

1판 1쇄 펴낸날 2025년 9월 15일

지은이 권수찬
펴낸이 이재무
기획위원 김춘식, 유성호, 이형권, 임지연, 차성환, 홍용희
편집 이호석, 박현승
편집디자인 김지웅, 장수경
펴낸곳 (주)천년의시작
등록번호 제301-2012-033호
등록일자 2006년 1월 10일
주소 (03132) 서울시 종로구 삼일대로32길 36 운현신화타워 502호
전화 02-723-8668
팩스 02-723-8630
블로그 blog.naver.com/poemsijak
이메일 poemsijak@hanmail.net

ⓒ권수찬, 2025, printed in Seoul, Korea

ISBN 978-89-6021-0822-2 04810
　　　978-89-6021-069-1 (세트)

값 11,000원

*이 책 내용의 전부 또는 일부를 재사용하려면 반드시 저작권자와 (주)천년의시작 양측의 동의를 받아야 합니다.
*잘못된 책은 바꾸어 드립니다.
*지은이와 협의하에 인지는 생략합니다.

오늘 당신의 장례엔 눈이 내리지

권수찬

천년의 시작

시인의 말

도시 그늘에 묻혀
공유 없는 세상
하루 종일 무거운 휴일을 끌어안고
먼 산처럼 앉아
어슬렁어슬렁
아무도 건들지 않는
나만의 구역
이것이 은둔이지
오늘도 사각에 갇혀 거인 꿈을 꾸지

2025년 가을
권수찬

차 례

시인의 말

제1부

한식제(寒食祭) ──── 13
상가(喪家)의 달 ──── 14
새를 깨우다 ──── 16
잠든 이불 ──── 18
토요일, 잃어버린 도시 ──── 21
그 겨울, 떠나는 날 ──── 22
단단함을 빠져나가다 ──── 24
거꾸로 부풀기 ──── 26
입춘경(入春經) ──── 28
반짝거린 다음에 ──── 30
오늘 당신의 장례엔 눈이 내리지 ──── 32
고등어 굽는 여자 ──── 34
나비의 거리 ──── 36
늦은 마트 ──── 38
어머니의 입구 ──── 40

제2부

기저귀 ──── 43
새벽 강 ──── 44
오후 해안 시장 ──── 46
고양이와 밀당 ──── 48
엄마의 달 ──── 50
문 속의 문 ──── 52
빗속 플라타너스 ──── 54
지하 장마 ──── 56
거미 그림자 ──── 58
기억 속 화단 ──── 60
람 ──── 62
목련 유산 ──── 64
유년의 다락 ──── 66
돌고 돌아 ──── 68

제3부

현기증 ——— 73
저녁 사물의 소리 ——— 74
어둠 속 풍경 ——— 76
달콤한 잠 ——— 78
붉은 담장 ——— 80
걸쳐진 나무 ——— 82
닭칼국수와 대화법 ——— 84
동면기 ——— 86
가을, 기찻길 표지에서 ——— 88
그 집엔 아무도 없었다 ——— 90
자정의 나무 ——— 92
빈집에 들러 ——— 94
막사 안 ——— 96
우리의 저녁 ——— 98
노견 ——— 100
꿈속의 길 ——— 102

제4부

빨간 눈 ——— 105
꽃으로 자라나기 위해 ——— 106
뿌리 깊은 집 ——— 108
새 ——— 110
매운 잔치 ——— 112
정중한 하루 ——— 114
다리 한쪽 의자 ——— 116
산밭 ——— 118
이웃은 눈치채지 못했다 ——— 120
은빛 이발 ——— 122
타이어 명상 ——— 124
오리털 이불 ——— 126
공복 ——— 128
게임 속 저편 ——— 130
오래된 한 권 ——— 133

해 설

이경철 전망 없는 세대를 비추는 빛줄기, 최첨단 신서정 ——— 134

제1부

한식제(寒食祭)

　고인 물길의 조짐이 구름 마음은 아니었을까 관(棺) 정수리 타고 비껴가는 바람, 낱낱이 그늘 속을 해부한다 아직 단잠을 주무시고 계실까, 오늘은 햇볕 보드라운 살에 허공 모서리가 천천히 달아오른다 흰 꽃 흔들림은 어둠을 발라내려는데, 당신의 바깥이 점점 희미해진 채 반나절이 허물어진다

　눈 먼 씨앗으로 날아들다 풍경 속 침묵이 된 당신, 뿌옇게 식은 허기만 골라 빛깔 고운 햇살로 풀칠하련다 긴 한숨을 위로하며 굳어진 영혼을 포장한다 축 늘어진 젖가슴 같은 봉분에 여문 살 톡톡 채워 넣는다 당신의 그 질긴 매듭 속으로 향 한 자루 꾹 심고 맑은 술 한 잔 올리니, 저 소나무 당신 마음인 듯 살랑살랑 나뭇가질 흔든다

　꿈틀대는 수면 위로 항생제 같은 표정을 고백할 때, 비로소 정교한 수술이 끝난다 자몽 빛 꽃잎이 몇 번 피었다 지는 사이, 그제야 엉긴 영혼의 시간들 햇살에 풀려나, 단장한 무덤가 할미꽃 머리를 치켜세운다

상가(喪家)의 달

달에서 풀어져 내린 조각이
빈 악보 속으로 잔잔히 스며드는 밤
문지방이 닳도록
달은 차오르고
젖은 향내를 피워 올리는 상가

서너 명 문상객을 흘려 놓고
여자가 바람을 퍼 나른다
조등처럼 붉어진 비명이 용머리를 넘고
배꽃이 톡톡 제 가지 울음을 터뜨린다

흰 구름으로 떠난 사내는
안개 그물망이 좁혀온 도로에서
뻣뻣한 부대 자루로 돌아와
맨발은 싸늘히 죽은 달빛을 부풀린다

하얗게 익어가는 달
거죽에 마른버짐이 피고
몽유를 헤집고 다닌
문틈으로 새어 나간 시간들

밀랍이 차갑게 마모되어
풀리지 않는 매듭
하현이 슨 배꽃, 사르르 떨어진다

새를 깨우다

얼마나 많은 기류의 씨앗이 이리저리 흘러 다니며
성자의 반열에 오르고 싶었을까
그 영혼이 가여워
침묵은 긴 시간으로 흐르는 걸 거야
새가 담장과 부딪히는 순간
누군가 한 세계를 깨뜨리기 위한 수고로움을 생각하지
소리 없는 정물 속으로 걸어 들어가는 나
허공은 바람이 표정이었다는 듯 구름도 빨라지지
작은 연못엔 잎의 말이 둥둥 떠다니고
언젠가 내 안 진입로에
그 하나의 빛과 하나의 어둠을 나눌 수 있는
나만의 동심원을 갖고 싶었지
날개가 치솟는 정반대로의 방향인
낮은 파닥거림을 좇아
갈망은 거역할 수 없는 또 다른 부호였음을,
멀리 송전탑 아래로 안개가 밀려나오고
시원(始原)의 바람을 타고 기우는 새
숲은 은빛을 빛내기 위해 순결의 기호를 장식하지
새들이 날개를 벗는 순간
깨어나길 소망하지

해 질 녘 꽃들이 니얼니얼 춤출 때
갈잎은 물의 향기를 길어 올리지
알 속에서 웅크리다 부화된 새
신성의 부리는 부드러운 바람을 모으고
새로운 정념을 일으켜 세워
마지막으로 깊은 눈빛을 그려 넣지

잠든 이불

흘러간 한 조각 근원지
시시카메라가 말하는 건
이불의 단면이었다

해안가 불빛이 하나둘 꺼지면
피곤한 상인들은
갈까마귀 꿈을 펼치는데
방파제 위로 차가운 안개가 깔렸다
가물거리듯 엄마의 자장가 소리
뭉쳐진 이불은 잠들었다

희미한 등대
미처 홀리지 못한 정황을
파도가 풀어헤치듯
서로 밀치고 있다

바다로 난 계단 어둠이 패인 곳마다
이불은 노래를 했다
흘러내린 귀퉁이 자락
한 방향을 고집하며

새벽 두 시 사십팔 분의 흔적을 말끔히 지웠다
주춤할 때마다 촉촉한 허공
이불은 이불끼리
꽁꽁 싸매며 검붉은 바다가 돋아났다

애절함은 당기는 힘을 지녔는지
이른 새벽 시간은
방파제를 되뇌이고 있다
작은 이불 속으로 감겨든 아가의 꿈
달라붙은 레깅스는 젊은 여자의 우연한 행적일까
안개만이 알고 있을 것이다

물 위 마찰음이 조용히 내려앉고
자잘한 꼬리를 낚는 이들에
오늘은 긴 도마뱀을 기록할지 모를 일이었다
몇 번 센 입질에
한 조각 물빛이 갈라서고
커다란 더미라고 활개 치는 사람들
아가의 이불자락이 걸리고
물고기가 공중을 솟는다

저 파란 투망 속
출렁거리는 경계를 넘어
엄마는 동쪽, 아가는 서쪽
유영하던 순간이 읽혀졌다
조용히 바라보는 회로 속의 빛
이미 치러버린 바다의 자장가를
반복하고 있다

토요일, 잃어버린 도시

　어두운 지하를 홀가분한 의지로 들어섰을 때 마치 자신을 훔쳐놓은 듯한 기분, 그림자는 둥글게 퍼져 낱장으로 구르는 소음, 어둠을 담으려는 칸막이도 어깨와 키를 맞춘다 세상의 유혹에 들어 어딘가에 빠져든 성인식, 취한 노예가 된 당신에게 떠든 귀보다 듣는 상상을 동원해야 한다 당신의 탁자는 정중히 받아들이려는 자세다

　낯선 안개 한 무리 빠져나간다 당신은 도막 난 낙지에 달라붙어 어제 부축하지 못한 실패한 오감과 더불어 구름 대신 바람, 과연 당신은 빛날 수 있을까 기계와 수없이 돌았던 시간들, 어느 날 철가루가 당신의 소심한 폐를 먹어버릴지 모른다는 두려움에 휩싸일 때, 당신이 말하는 휴일의 금기란 가벼운 부재를 알리지 않아도 되는, 절인 배추가 된 어깨를 두드리지 않아도 되는, 왜냐하면 당신은 곧 이곳 바닥에서 발효되고 말 것이니까

　'토요일 잃어버린 도시 카페' 수증기에 밀린 유리창마다 미래로 가는 문은 없다 벽은 창백하고 냄새나는 창고는 비워간다 당신이 집으로부터 분실되었다는 것, 발작처럼 행해지는 지금은 그대로 멈추고 말 것이다

그 겨울, 떠나는 날

펼쳐진 12월 장르마다 사라진 밤을 기억한다
모른 척 기다림이 굳어진 방
어제의 질문이 들쑤셔온다
고개 숙인 것은 축축했으며 나머지 붕 떠 있는 것들
그 겨울을 엿듣는다

벽 속의 시간은 어느 고인 것으로부터 멈춰 있고
액자의 못이 휘어졌다
어디를 가나 서른 해의 겨울이 흘러 다닌다
뜨거운 물을 마실 때 입술을 데이는 건 어쩔 수 없다
아린 이빨이 충치 때문만 아니라는 생각
갈라진 발톱을 보고야 알았다

고드름이 뚝 끊어지자, 창에서 떨어져 나간 그림자
남은 미련마저 덧씌운다
이 방을 벗어난다는 일은
이중창 바람과 외면하지 않아도 된다는 말
방 안은 바깥과 싸워 이겼다 무게를 밀어냈으니까
은둔의 외벽은 단단할 것이며
나는 저 안개 같은 외투를 걸칠 것이다

손잡이 비틀고 나온 문에 지문의 혼란스러움
온통 놓치지 않은 겨울을 외우고 있을 뿐이다
햇살은 여전히 오므렸다 폈다 결별의 순위를 매긴다
어설픈 궁리는 지나간 구름을 더듬는다
나는 돌아오지 않은 새의 흔적을 읽으며
눈물을 지닌 이들의 코는 다 틀렸다고 중얼거린다

단단함을 빠져나가다

책을 펼친 지는 오래되었다
기록은 닳고 닳아 지루한 자막으로 새어나간다
머릿속이 붉어진 오후,
구석에는 당신이 비스듬한 자세로 흘러내리려 한다
그림자는 한 뼘씩 줄어들고
빈 고시원은 햇살에 부푼 빵처럼 지루하다

치자 잎이 창으로부터 쏟아지는 마른 향기
등 뒤에는 죽은 서가의 눈들이
햇발처럼 쏘아본다
자신을 들키고 있다니,
당신은 그 페이지에서 영원히 멈출지도 모른다
기록은 숨이 막혀
고시원 외벽과 비슷하다

간신히 화장실 구석에 끼여
담배를 물고 있는 당신은
이곳에서 도망치고 싶다는 생각을 언제부터 했는가
가방에는 지로용지가 구겨져 있다
금요일엔 일용직 근무를 서고

쪽창 밖을 바라보는 당신은
갈수록 욕실 안 거북이를 닮아간다
건너야 할 문마다 단단하다
책은 3페이지도 못 넘어가고
책 속의 깐깐한 주인을 언제 만날 셈인가

당신은 이제 묻는다
'삶도 없이 스스로 묶이다니'
고시원 옆문으로 빠져나가는 당신은
습성이 단단함보다 더 치열하다는 것을

거꾸로 부풀기

문은 내밀하게 짜였다
마주치는 정면마다
달이 녹아내린 뼈다귀로 보였다
먼저 기록은 존재하지 않았으므로
지금의 악몽을 떨쳐내기로 했다
나는 하나의 생장을 치르기로 했다
그 또한 무성하게 길어질 것이다

천장에는 눈들이 총총, 야광의 일이다
그것은 밤하늘 별자리 대신이었다
뿌리가 부풀고 물이 퐁퐁 솟는 곳
거꾸로 매달린 것들,
무엇이든 휘감으며 풍성해졌다
난 물구나무 선 탓으로 머리가 무거웠고
아래로 내리는 지하란 그런 곳이었다

벌레에게 천국은 지금
사뿐사뿐 내딛는 울 슬리퍼는 구름
여기저기 수런대는 얘기 소리는 바람
태양은 나였으므로 못 들은 척,

새는 머리를 박고 노래를 흔들었다
내가 쓴 글은 뿌리 부분이 적나라했다
구멍의 전이가 무럭무럭 자라났으며
매캐한 기록은 먹혀들었다
망가지지 않았던 컴퓨터가 다행스럽다

이곳에선 뒤집는 역설꾼이 우세했다
벌레들은 콘크리트를 갉아 먹으며
날마다 영민해졌다
검은 털이 자라고 발가락도 생겨났다

거꾸로 생장, 그것이 모든 걸 가두었다
부엉이 입이 벽을 뚫고 나온 그때
드디어 이곳을 빠져나가기로 결심했다
두 개의 문을 밀치고
지상의 5톤 트럭은 나를 꺼내 줄 익스프레스

모든 걸 길들인 지하는 축축하고도 좁은 하늘이었다

입춘경(入春經)

땅속 뿌리들이 출가를 한다 산문(山門)에 들려오는 소식들
쏟아지는 새벽의 입구
바람을 밀면 숲이 솟고
물을 밀면 여러 갈래의 뿌리가 읽혀진다
바위 갈라진 틈에서 새어 나오는 소리
숲은 온통 열리는 손잡이가 된다

나무속에 흐르는 경소리와 함께
눈 뜨면 생겨나는 잎들의 정체
내피 속 숨은 눈들이 운판을 찍는 중이다
잎 가장자리까지 번져드는 기(氣)
숲속 시끄러운 살림 철이 되면
새도 가지마다 건널목을 새겨놓고
이쪽저쪽 옮겨 다니며
묵은 날개를 재수선한다

안과 바깥이 허물어진 날부터
넝쿨을 따라 해본 나무의 솜씨
햇빛과 사다리로 이어져
맑은 종소리를 내기 시작한다

수십 개의 눈동자를 찍어낸 나무들
굴러다니는 잎새는
바람이 내려놓은 신발들이다

소리 나는 종을 수집하는 난
향기 가득 찬 숲속 법당에
푸른 잎 경전을 가득 채우고 싶다

반짝거린 다음에

사월의 부스러기가 흡반처럼 붙어 다녔다
그림자가 옆으로 새어 나가
화단 속 자빠진 귀, 어둠의 귀가 쓱쓱 문드러졌다
뒤집힌 화분을 다시 세웠다

시들시들한 UFO를 보았다
갈수록 말라가는 우주의 수분
그날은 공복이었으며
걸음의 음절마다 고꾸라졌다
누군가는
낮술에 취했다고 간주했다

설득당한 중력은 멈추지 않았다
한 방향이 뚝 잘려나간 듯
바닥까지 흔들리는 소리
그것은 걷는 자의 짐작일 뿐이다

한 호흡의 물을 채우며
삼 일을 숨 쉬는 꽃
만지고 싶은 잎사귀에 손이 가 닿지 않았다

초기화된 중심은
주어진 시간을 거절당했다
튀어나온 모서리 한쪽
반짝거린 다음에,
하늘은 정수리를 흔들었으며
땅은 믿음조차 주지 않았다

밀리면 밀리는 대로
수많은 밤들이 도망치고 있었다
외길로 빠져드는 몸
상상은 나름 품위를 지키기 위해
안간힘 쓰고 있었다

오늘 당신의 장례엔 눈이 내리지

당신의 영혼은 당신 것이 아니었어

새벽의 하현달은 비껴갔지
삼 일 동안 내내
거리의 구름 되어
흘러 다녔지

낡은 침낭 속으로
결여된 바깥
당신의 감정은 처리되지 못하고
주절주절 오만함이
저체온으로 저장되고 있었지

단지 무생물처럼
검은 외투에 의지한 채
흘려보낸 기억
사람들은 곁눈으로 훔쳐보곤 했지

밤이면 주술처럼 출렁대는 뱃속의 화음
그럴 때 벽면에 낙서를 두서없이 갈겼지

사각지대에 드리워진 그림자들
당신의 행위는
그대로 너부러진 흘림체였지
회색의 계절은 새로운 장엄을 준비하기 위한
옹색한 조율이었다는 걸
그 여정을 불사르던 멋진 놈이 당신이었지
어색함을 걸쳐놓은 듯 반절의 웃음
전염처럼 옮아 붙는 습지의 어둠
무거운 휴일은 몽환으로 빛났지

새벽녘 젖은 돌마냥
쭈그러진 존재 하나
무관심이 축복이었는지 몰라
당신의 유언은 그렇게 굳어가고 있었지

바닥 위로 흐르는 시간
오늘 당신의 장례엔
조용히 눈만 내리지

고등어 굽는 여자

밖은 서늘한 바다이다
여자가 문을 나서자
물고기 울음소리가 들려온다
갈라진 음들이 물살로 퍼져나가는 시간
여자가 그물 옷에 묻은 저녁을 털어 낸다

지상 이층에 담긴 내력은
은빛 창 말라붙은 비린내가 전부이다
부엌에서는 고등어가 팔딱거린다
고등어의 눈은 굽어진 창을 바라본다
여자가 비린내를 끼운다

물 위로 흐르는 뉴스의 화보에는
바람이 끊이질 않는다고 한다
여자는 바다 깊은 곳에
유난히 흔들리는 오늘 밤의 달을 그물질한다
창의 화분마다 시퍼런 달빛을 심고
바다의 풍습을 달싹거린다
여자가 엷은 입술로 주문을 외울 때마다
망원경에 씹힌 바다는 더욱 깊어진다

여자의 푸념은 곧 줄을 당기기 시작한다
때로는 팽팽하게 때로는 느슨하게
그물 자락 바다 한가운데에 펼쳐 놓는다
달빛에 고등어를 굽는 여자의 하루가 말라 간다
여자의 눈빛이 고등어 눈빛을 닮아간다

나비의 거리

꽃의 유혹을 바삐 쫓다 몸이 갸우뚱했다
오랜 시간 날개들이 굳은 정원 속,
그곳 풍경들이 처음부터 눈에 들어왔던 것은 아니다
어머니가 분신으로 부화되었던 곳
꿈속 길 찾아 전시관 구석구석 날아다녔다

화상 입은 입구로 들어섰다
온종일 현란한 빛에 둘러싸인 희뿌연 애벌레들
이곳의 빛들이 내겐 꽃으로 보였다
꿈틀거리는 날개는
꽃들에게 속삭임을 보내느라 부서질 뻔했다
여러 곳에 모여든 다층의 나비들이 팔랑대는 거리는
내밀한 수작(酬酌)과 함께 작은 비명으로 들썩거렸다
저마다 꽃들은 거울을 하나씩 숨기고 있어
여러 빛깔의 날개가 푸드덕거릴 때마다
사방 코끝에 전해오는 열 배 스무 배 향을 내뿜었다

좌우 거리는 마술에 걸렸다
누군가 본떠 찍은 판화 속 날개 자락들
불룩한 향기를 되새기느라

거리는 수많은 알의 포화로 넘쳐나고
그곳엘 정신없이 훌려 다녔다

푸른 광선이 박힌 투명한 유리관 속에
부전나비 박제가 된 어머니를 발견했다

늦은 마트

저녁의 새가 어두운 숲을 벗어나
도시 불빛 속으로 바삐 날개를 젓는다
작고 귀여운 부리들을 향한 막바지 행위
울퉁불퉁 건물을 스쳐
피곤함을 주저할 수 없는 시간
모성의 한끝을 채워 나간다

기다리는 쇼핑카트가 되어 입구로 들어서면
힘주어 빛남을 자랑하는 윈도우 빛
생고기는 더욱 붉어지기 위해
몇 겹의 빛을 포장한다
은빛 물고기 몇 마리
하루의 파닥거림을 마감하느라
칼날 밑에 푸르게 누워 있다
냄새는 속도만큼이나 예민하다

진열대 위 명랑한 색깔을 두리번거리는 새의 눈빛이 빛
난다
 계란 알은 제일로부터
 투명함을 강조한다

끊어지지 않는 아우성을 좇아
저녁의 어조는 굳어 있다
새의 기록엔 배고픈 순간들이 스며
늦은 파장 세일을 기다린다
휴일을 앞두고 가득 채워진 바구니들
일주일 셈을 치르느라 계산대는 분주하다

지하의 나무 계단은 언제나 동일한 무늬를 찍는다
새의 날개가 노곤하게 주저앉을 시간
어둠의 무게는 장엄하다
날마다 지워지기를 반복하는 새
깃털로만 숨 쉬려는 적이 있다
꿈 밖에서 꿈꾸길 소망하는
내 안의 새를 만난다

어머니의 입구

 풀들이 허공으로 긁혀 있다 자국 나지 않은 흙들이 갈라져 있고 안개가 먼저 마중 나와 있다 어머니를 지층에 두고 오던 날부터 나의 계절은 오지 않았다 어머니를 찾아가는 길은 차가운 입구를 데우는 일이다 동공이 마를 때까지 말라서 비어버린 어머니의 물집을 터뜨리러 가는 중이다

 사진 속에는 어머니가 아주까리처럼 심어져 있다 네모난 목재 그늘은 어머니를 딱딱하게 받쳐주고 있다 그날 아버지는 마루 창에 어두운 선팅을 입혔으며 포도나무는 다시 어두워지고 말았다

 난초 잎이 시든 저녁일수록 어머니의 관절은 다시 비틀어지기 시작했다 콘크리트 계단을 무생물처럼 내려가던 아버지, 한동안 감감했다, 어머니의 위태위태한 박음질에서 터져 나오는 통증은 절기를 맞은 듯 꺽꺽거렸다

 벽은 단단해도 악취를 풍긴다는 걸 회색 구멍을 통해 알게 되었다 바람은 회색과 가까워지고 겨울의 속도를 조금씩 늘려 가고 있다 벽은 굽어질수록 폐허의 냄새로 흘러들어 어머니가 어깨를 기대어도 다정한 온기가 되지 못했다

제2부

기저귀

여기저기 눈꽃 떨어진다
긴 줄에 매달린 기저귀
종잇장처럼 빳빳하다
진흙 속으로 몸을 던진 눈꽃들
-저걸 어째
붉은 물이 고랑을 타고 흐른다
-기저귀 눈
그만 맞혀라
까치가 줄을 흔든다

새벽 강

날개를 더듬으며 죽은 새의 새벽 강은 길다
이미 상처의 흔적은 바래졌으며
푸른 공기는 바닥으로 흩어진다

저만치 자전거를 굴리고 가는 당신
간간이 스쳐 보내는 전봇대
길 위로 당신의 하얀 미소가 출렁인다
원반 같은 하늘은 머리 위에서 맴돌고
안개 속으로 들어가는 이들은
옆구리에 아리송한 자루를 하나씩 매단 채
깊은 물속처럼 걷는다

기억에도 없는 길을 더듬는다
과녁을 좇아가던 그를 한 번도 의심해 본 적 없다
종이꽃 하나 접어 희미해진 행렬에 끼워 넣는다
아련한 향기를 지우러 가는 중이다
텅 빈, 저 문드러진 눈빛을 누가 다독여줄까

서늘하게 죽은 바람 하나가
끝내 깊어지는 강변에는

서로의 안부가 몸부림친다
희뿌연 지붕 위로 구름의 일가족이 지나가고
나는 시간의 표면에 흘러나오는
새벽의 울음소리를 듣고 있었다

오후 해안 시장

물동이에 비친 구름 한가롭게 횟감을 뜬다
누군가를 기다린 듯 오후 시장
진열대 위 뒤집힌 가오리 한 마리
팔딱거린다

구석에 비스듬히 포갠
빈 스티로폼 몇 개
냄새에 짓무른 바다의 잔재
생선 박스마다 얼음 조각 흘러내려
알록달록 패인 지도 위로
모여든 쇠파리

한낮을 겹겹이 치장해 버릴 듯
끈끈하게 달라붙는 바람
바닥엔 이미 하루 노고가 질척거렸다
맞은편 모퉁이에 쌓인 소금 무더기
짭조름한 물에 전이된 가게를 벗어나면
바깥은 온통 출렁거리는 모니터

후줄근한 더위 너머

파도의 수위는 상인들의 갈색 이마에서 시작된다
눈까풀은 지루함으로 깊어지고
어디선가 표적을 향해
걸어오는 고양이의 직선

여름은 길어지고
오늘도 몇 차례 좌판을 접었다 폈다
바람의 위치는
쉼 없이 구름을 운반하는 중이다

고양이와 밀당

낡은 지하 방에서
난 라면을 먹고
이층 고양이는
벽 모서리를 갉아댄다
어느 날 허물어진 난간을 타고
천장 속으로 기어들어 온 고양이
구멍 속에서 부스럭거릴 때
난 그 아래에서 슬리퍼를 끄집는다

밤중에 사뿐사뿐 거닐던 고양이가
내 침상 위로 떨어지는 상상만은 피하고 싶다

온종일 내 공간은 붕 떠 있다

저녁 시간
무딘 칼을 손질하며
고등어 뼈를 발라낸다
검은 눈이 응시하는 곳
당당하게 천장 속 번지수를 가진 고양이
조심조심 품위를 지키며

고등어 냄새를 맡을 것이다

가끔씩 발톱이 길어나 몸살 앓은 고양이
산만해진 두 눈빛은
어둠 속을 지긋이 노려볼 것이다
비좁은 구석
좀처럼 소음이 끊이질 않는 곳
난 가끔 그곳을 바라보다
잠을 설치기도 한다
지하엔 나
이층엔 고양이
각자 밀폐된 공간에서
우린 서로 밀당을 한다

엄마의 달

신발도 없이 집으로 돌아가는 날
울퉁불퉁 골목 사이의 벽들
엄마에게 흐르는 길은 다 늪이다
가려진 달빛에 허둥거리다
왼손마저 흘려버린 지독한 날
이웃과의 간격은 멀어질수록 좋다

가족이라는 사람이 타인으로 다가와
엄마를 몰래 훔쳐본다
낯선 자신이 줄곧 말을 건넨다
아무 일 없다는 듯
안심시킨다

부엌의 집기들은
서랍 안에 숨어 있다
뇌 속 텅 빈 달
꿈틀꿈틀 애벌레를 닮아가는 엄마
낯선 곳을 향해 속닥거리듯
사물은 엄마 시선으로 흐른다

밤시간 문틈을 건너
잠든 어깨를 톡톡 건드리는 소리
오토바이가 사냥개처럼 흩어지는 밤
옴팍한 그믐의 도로에서
달빛과의 절묘한 만남
비좁은 일방통행은
조촐한 빛남으로 깜빡거렸을 것이다

한쪽으로 사그라드는 달,
서서히 고여 든 빛
자시(子時)의 달을 쫓아
엄마는 어딘가를 향해 가로지르는 중이다

문 속의 문

문은 역이었으며 철길이었다
마당 어귀에 불안한 온도
한꺼번에 휘둥그레지다 부려진 입이었다
구두가 사라졌고 담장이 조용했다
정착하지 못한 문들이 뒤숭숭했다
지그재그로 걸쳐진 문,
이 문과 저 문 사이로 흘끔거리는 개들의 뒤축
어머니가 유리 재떨이를 내다버린 날부터
두 뼘 자리엔 약봉지로 채워졌다
문지방 일방통행은 어긋남이었고
창 너머 무엇 하나 잡히는 적 없었다
지붕은 새처럼 불쑥 튀어나왔으며
검은 우물은 움푹 솟았다
부딪히는 난간마다
안팎으로 내다버린 흥정이 있었다
흘러 다니는 공기가 커튼 속으로 숨어들고
창문 닳은 모서리마다 축축한 말소리가 배겼다
누런 탱자나무 분재가 뽑혀졌다
열매는 쭈그러들고
난 그 화분 속에서 꽃 피고 싶어졌다

흔들리는 건 내가 아니라 긁히는 바닥이었다
선반 위 돋보기가 반드시 놓여 있고
못에 걸린 아버지의 잠바가 장롱 깊숙이 묻힐 즈음
문짝을 세우던 나에게
손잡이가 뒤통수를 쳤다
마음에도 수축된 창이 있어
어둠처럼 굽은 저녁
난 파리한 문틈을 엿보고 있었다

빗속 플라타너스

새벽 카페 창에서
빗물에 젖은 플라타너스 한 잎 흘러내리는 것을
커피 한 모금 적시고
나름 부석거리는 비의 공간을 채운다
주홍빛 안으로 포개진 얼굴들
엉긴 로터리 속으로 사라진다

창밖 눈물 속으로 면벽하는 플라타너스
횡단은 수중 아래 잠기고
나뭇가지 틈으로
꽂히는 사선
좁은 보폭 사이로
서로 느끼지 못해
비를 긋거나 핥으며
무중력 위로 둥둥 떠다니는 사람들

유리창 아래로
누군가 진흙처럼 서 있다
비는 부서질 대로 부서지고
귀는 끈질긴 메아리가 되어

달팽이관을 휘젓는다

빗속 플라타너스
무덤처럼 떠내려간다
안개는 거리의 시간마저 외면하고
우울한 음반은 여전히 돌아간다

지하 장마

냄새의 물이 퐁퐁 솟으면 우린 대야를 들고 뛰어다녀요
죽은 귀뚜라미 몇 마리 물속에 둥둥,
살이 녹아 껍질만 남았어요
계단 밑 웅덩이 누가 만들어놨나요
빗물이 벽 속으로 길을 내요
형광등에서 뚝뚝 떨어진 물방울
뽀글뽀글 거품이 일어요

빗물이 내려오면
계단 줄타기하듯
우린 바쁘게 뛰어다녀요
휩쓸린 나방 한 마리 기우뚱 수영을 해요
졸졸 계단 밑 호스는 누가 만들어 놨나요
장마철 시작되는 물놀이
집토끼도 미끄러졌어요

문턱을 넘어선 빗물이 방으로 들어오면
우린 신나게 물을 날라요
끈적끈적하고 매캐한 우리 집 물놀이
계단은 깊었고,

장판 위 미끄럼 놀이 이젠 지겨워요
'엄마 계단을 깎아내야겠어요'
비가 내리면 가슴이 비처럼 뚫렸어요
문틈으로 안개가 스멀거리고
굴러온 나뭇잎 문틈을 들여다봐요
비가 그치면,
나도 저 잎사귀 따라 지상으로 올라가고 싶어요

거미 그림자

거미 한 마리 방충망을 기어다닌다
몸에서 몸으로 나오는 전류의 힘
한 모서리에 터를 잡는다
거미 노래가 머무는 곳
끈을 놓지 못한 두려움은 바람에게 기습당한다
사각의 방, 감춰 놓은 비망록
투명한 시간과 함께 기록된다

우물처럼 드리워진 곳
긴 줄 타고
공중에 몸을 매단 사내
이곳저곳 벗겨진 허물이 얼룩처럼 보인다
햇볕 사이로 볼가진 혈관
손끝 타고 또르르 빚어낸
일필휘지(一筆揮之) 손가락의 힘
바람이 페인트를 발라먹는다

푸른 허공에
두 다리 흘러 다니고
느슨해진 전선이

그의 몸 건드려
눈썹마저 파르르 떨린다

안개 군단이 살짝 아파트를 휘감을 때
한 마리 거미가 되어
아래로 줄타기한다

염통 속 고이 저장해 둔 희망의 실꾸리
열린 창문 틈으로
길을 내는 줄무늬 거미
펼쳐진 방향대로
소리 없는 경계 오르락거린다

기억 속 화단

온통 눈부신 빛이다
마당조차 싫증날 것 같은 오후
빈터엔 그림자 길어지고
화단이 햇볕을 쬔다
웅크린 그림자 속으로 펼쳐진 기억
후미진 어느 날 오후를 만난다
얼핏 내다본 저편,
그날도 햇볕이 따가웠다
어머니가 화단에 걸터앉아
손톱에 봉숭아 꽃잎을 싸매 주었다
젖은 가지 틈으로 술렁대는 바람
두꺼운 슬픔 대신 그리움 한쪽
가는 모래들이 접힌 자국 쓰다듬는다
제 끼에 휘말려
깨어나지 못했던 나
꽃들은 떠올리기 지쳤을 것이다
어머니 냄새 같은 화단
꽃이 피어날 때마다 매번 돌아보질 못했다
9월을 구걸하는 분홍빛 속으로
꽃잎 낱장을 세어 본다

고요히 스며든 물방울 무게
돌 사이 햇볕의 부드러움
이곳에서
내 어머니를 만났다

람

람은 네팔에서 온 남자다
축사에 들어온 후
모처럼 휴일을 가지게 되었다

돼지 가마솥 뚜껑을 열며
그녀의 얼굴은 붉었다
얼마 전 고국으로 떠난
그녀가 두고 간
뻐체우라*를 그는 둘둘 감았다

슬레이트 지붕 아래로 쏟아지는 비
새어든 빗방울이
비닐 장판에 뚝뚝 떨어졌다
핀으로 박은 베니어판 옷장
그 속에 꽃잎처럼 잠식한 곰팡이
널브러진 옷을 빵처럼 흡수했다

바람이 보퉁이를 풀어놓을 시간

그의 뼈마디 아프지 않는 곳이 없다
풀어진 연민처럼
축사에 흘러내리는 빗물
그의 부르튼 입술은 갈라졌다

우리 안에서 새어 나오는 지독한 냄새
풀잎마저 뒷걸음질쳤다
슬래브 지붕 위 빗줄기 아우성에
밥통을 굴리는 돼지들
그는 일일이 반응하지 않다는 듯
깊은 잠 속으로 빠져들었다

* 네팔 여자들이 걸치는 쇼올

목련 유산

달이 하얗게 산란을 일으킨 밤이었어
버려진 정원 속
목련의 진통 허공을 가득 메워
꽃잎들 사방으로 흩날렸어

달빛이 비린 복부를 훑고 지났어
푸른 육질로 굳어가는 바람
배꼽의 시간들이 질리고 있었어

올망졸망 감겨드는 눈까풀
붉은 기운 사이로
아이들이 종잇장처럼 널렸어
어미는 아이들을 끌어안았지만
봄밤의 무게에 밀리고 말았어

바닥을 뒤척이는 목련의 시간
담장이 시들시들 산통을 앓고 있었어
달에 빨려든 아이들을 꺼내기 위해
가지들이 젖가슴을 둘둘 말았어

하얗게 종을 깨뜨리는 아이들
어둠 속 새어나간 꽃들이
풍선으로 떠다니는 밤
활처럼 굽은 갈색 달이 통째로 뛰어내렸어

유년의 다락

 유년의 좁은 회로를 통해 닫힌 문 하나, 나와 언니들의 허물을 벗어 놓은 듯한 방, 문을 열자 퀴퀴한 신음 소리 튀어나왔다 그 안에서 우리의 분신은 닳고 닳아 두두둑 북소리를 내곤 했다 햇빛조차 드나들지 않는 거미줄에 얽힌 창, 이따금 비탈 굴러가는 소리가 들렸다

 못에는 외투가 유령처럼 매달려 있으며 지난 교복들이 전시 중이었다 세 명의 교복이 할머니 손을 거쳐 간 시간들, 세간이 좁은 다락은 할머니 방이 되어 버렸다 어머니가 보이지 않은 날부터 난 할머니 품에서 잠들곤 했다 까칠한 물갈퀴 손이 등 한번 쓸어내리면 아득한 수중 속으로 빨려들곤 했다

 가끔 외벽에 부딪칠 때면 난 다락방을 떠올렸다 내 속 깊이 잠적해 있는 검고 칙칙한 것들, 시들어가는 시간을 다시 꺼내 보았다 진공 같은 곳에서도 생은 여전히 빛나고 있었다는 것, 어느 날부터 다락은 더 이상 나를 품지 못했다

 다락 속으로 노을이 왔다 가고, 두꺼운 늪이 몰려왔다 병든 혈관을 뚫고 들어가는 저 링거 줄의 부력이 누운 할머니

를 일으켜 세울 수 있을까 먼 끝자락에 늙은 다락 하나 흘
러내리고 있었다

돌고 돌아

폰 메모장에
좋아하는 커피와 라면을 입력하고
메시지를 봐요
생일도 아닌 축하 이모티콘
나머지 것은
생에 모르는 스팸이었어요

몸을 잊은 영혼들이
중력 밖에서 다른 생을 기다리고 있어요
몇 겁 생 회로를
돌고 돌며
어딘가로 떠나는 시간 속 여행
불현듯 어느 행성인지 몰라

오래 남은 자와
마주치던 순간을 잊어버리고
또다시 시작되는
회전이 낳은 욕망
끼워 맞춘 듯 아주 정밀한
지금의 내 가족

도대체
이번 생 몇 번째 가족일까요

어머니의 어머니들이
바깥의 바깥에서
수억의 아이를 떨구고
어느 전생의 사랑을 메우기 위해
우린 지금 환생 파티를 열지요

눈을 뜨니 신이 산다는
영혼의 집엔
나를 통해 세상을 본다는
내 안의 신이 사라져 버렸어요
난 나를 놓쳤으므로
더 이상 신이 아니길 바래요

생과 수신되는 주파수를 놓치지 말아요
유혹을 부르는 믿음은
또 한 세계의 시작인 거죠

오늘도 어둠에 걸린 도어락을 풀어요
비번은 빗나가지 않았죠
바닥 실내화들이
흩어져 있는 저녁의 거실
빛나는 벽의 화보는
블루로 흐르고 있어요

아직 이생 채널은 바뀌지 않았나 봐요

제3부

현기증

 바닥에 손을 옴팡 짚는 순간, 창문은 수평에서 벗어나고 액자 속 그림은 몇 겹 포개 보인다 잠깐 사이, 벽을 벽이라 말해준 물방울 꽃잎은 이젠 모른 척 한다, 그것은 늘 같은 경험이다, 반쪽 창이 흔들릴 때마다 불구처럼 욱신거리는 내 안의 적색 신호, 아이들은 문턱에 매달린 그네를 타고 미래 가는 타임머신을 꿈꾼다, 볼록하니 펼쳐주는 세상, 아이들은 동화 속 커다란 콩 나무 타고 하늘에 오르는 상상을 멈출 수 없었을 것이다 오늘도 자석 쿠폰을 세는 아이들, 이사 가는 희망에 대해선 조르지 않는다 벽은 낙서투성이고, 문지방은 닳아빠지고, 거기서 조금도 비켜서지 못하는 옹색함, 수분이 말라간 트리안 잎에 모여든 개미들, 노란 현기증이 온다

저녁 사물의 소리

안개 같은 집이다
빈 바람만 회오리치다 쪼그라든 담장
문을 열자, 마당 한 켠 물음표마냥 서 있는 지팡이
저 오동나무 지팡이는 숙명처럼 늙어갈 것이다

어느 날부터 마른기침이 되어 버린 뒤란의 바람
일부 온기는 흰 눈처럼 날아갔다
굳어진 것은 이완을 거쳐야만 수순해지는 법
아래로 수그러진 겨울의 진통들
창백한 외벽의 틈새와 닮았다

차츰 엷어져 가는 헐거움과도 같은 부재
영혼의 눈빛마저 싱싱한 사진 속 아이
지난 향기 수없이 더듬거렸을 것이다
벽 모서리에 희게 바랜 무늬들
주름처럼 몇 가닥 갈라졌다
말라붙은 독소가 묵은 경이로움이 될 줄이야

먼지 덮인 마루 건반에 묵념 한 조각 올린다
언제 허물어질지 모를 이 집의 정체는 잠겨 있을 때만 집

이다
    문은 그것을 지키기 위해 긴 세월을 바람 핀으로 채웠을까
    꺼져가는 빛에 서식을 꿈꾸는 바람
    문마다 검푸른 레일을 풀어헤친다

    해 질 녘 늙은 거미 한 마리, 나무 기둥 둘둘 감는다

어둠 속 풍경

내 눈에는 검고도 붉은 꽃이 출렁거리는 것처럼 보였다
밤의 이미지, 가게의 문은 잠잠했다
이곳에는 수많은 길이 뻗쳐 있었다
보이는 길과 보이지 않는 길
열린 문과 열리지 않은 문
그것들을 바라보며
바람을 맞고 서 있었다
처음 누군가 말소리가 들려왔다
여기서 더 이상 나갈 수 없어요
저곳은 길이 아니에요
단지 길처럼 보일 뿐예요
자, 다들 돌아가세요
소도시 야광은 길을 가두고 있었다
창들은 사각의 어둠에 버려진 채
무슨 비밀이라도 품은 듯 보였다
당신과 내가 낯선 곳에 와서
같은 풍경을 바라보며
무슨 생각을 하고 있을까
길쭉한 그림자처럼 놓인 외곽의 길
소리들은 가라앉은 밤을 외치고 있었다

이상한 풍경을 보는 듯했다
검은 것들은 스스로 고립되고 있었다
탁자 위 담배 그리고 그림자 같은 전봇대
우리가 바라본 다른 하나의 막힌
갈애의 표현이었다

달콤한 잠

그가 벤치에 허기처럼 구부러져 있었지요
몸 안을 빠져나간 온기
어쩔 수 없는 절명의 시간은
안개에도 목이 잘리는 법
죽음이 부른 의미는 아주 단순했는지
아무도 모른 채 은밀히 끝나버렸지요

낯선 시간을 기다리는
뒷덜미 상표가 무색해
차마 옆으로 꺾인 목이었지요
딱딱한 공기는 주위에 맴돌고
그의 발은 갈색 방한화 끈에 묶여 있었지요
몸이 굳어오는 것도 잊은 그가
잠 속 삼매에 빠져든 건
순전히 푸념 가득한 취기 탓이었지요
야근을 마친 후
외곽으로 흘러 다닌 그가
꿈속을 걷듯
긴 시간 배회했지요

굳어진 끝자락, 녹슨 철재 자국을 통해
그의 맥박은 굳어지고
추운 바람에 기울어진 남자는 석고처럼 창백했지요
그가 정작 자신의 부고를 알아채지 못한 건
죽음보다도 잠이 더 달콤했던 거지요

새벽녘
새들 지저귐 소리에
금방 몸을 일으킬 것 같은 남자
굼뜬 적막은
오전을 흘려보내고
햇볕이 그의 머릴 쓰다듬으며
걸친 점퍼도 풀어 주었지요

단추 끝에 맺힌 물방울
돌아오지 못한
그의 깊고도 깊은
가벼운 껍질만이
오래 서성거리고 있겠지요

붉은 담장

어느 겨울 내리는 눈과 더운 날이 혼합되어
내 언저리엔 두 개의 계절이 공존하지
그것은 순식간 몇 페이지 시간을 날렸으며
너와 나 몇 세기를 스쳐지났나 보다
무성한 여름 저녁,
장미 넝쿨 얽힌 담장을 들여다봤지
그리곤 가만히 기대어 한 목소리를 담았지
마음속 붉게 매단 등불
하루살이가 전구 불을 동그랗게 감싸고
나는 보이지 않는 어둠을 테이프로 감고 또 감았지
추억을 기억할 줄 아는
그 해 겨울을 데려와 함께 동거를 했지
눈은 조용히 내리고
그 눈을 맞으며 햇볕 창 모서리처럼 뜨거워진 얼굴
꽁꽁 봉해진 마음은 어딜 가고
나는 테이프 하나씩 풀어 내리고 있었지
더운 날, 마음속엔 아직 흰 눈이 내리는데
우리가 이렇게 늙어가는구나
추억은 테이프처럼 수없이 감기고
오랜 시간 가슴 적시는데

난 오늘 밤 꿈에
그 붉은 담장을 다시 꺼내고 있지

걸쳐진 나무

그곳에 뿌리박히지 못한 나무가 자란다
안개 속으로 젖어든 자국
구멍들이 허기를 긁는다

반쯤 걸쳐진 채
허공으로 솟은 뿌리들
새들은 젖은 바람을 털어내며
나무의 눈을 찍는다

가끔 귀 묻은 바람이 휘몰이 할 때
나머지 흘러내린 이동
엎드려 빛나는 잎사귀들
그 아래 성자처럼 수그린
무덤 한 조각
붉은 흙들이 허물어 내리고
차분하고도 낮은 자락
물구나무선 소나무의 행보

나무가 나무 안을 엿본다
안과 밖 사물로 만나

스스로에게 기도처를 만들어 주는
얽힌 인연의 의식

내부의 힘이란 허물어지면서 조금씩 이뤄지는 법
조촐한 영역 속에서
기호처럼 누운 나무

어느 날 무거운 그늘로 만나
마치 탈지면이 과산화수소를 흡수한 것처럼
구멍 안으로 빨려든 시간
나무가 나무로 만나
서로에게
상상을 채워주는 그림자가 되어 준다

닭칼국수와 대화법

오늘 국수 가닥들이 한 마리와 대화를 나누고 싶다

감기거나 풀어지기 위해서가 아닌
오로지 품고 싶은
칼이 지르는 닭들, 국수가 반열에 오를 때
고여 든 뜨거움 속으로 소리치고 싶었다,
칼이 꼭 풀어 내리고 싶은 일이라면
한 번쯤 닭과 화해해 보는 일
우리의 대화도 한 번쯤 감겨들다 풀어버려야 했다
푸욱 잠긴 시간이 필요할 거 같았다

무더운 물방울들이 뚝뚝 떨어졌다
미끄러지는 건 아무래도 상관없는 일
닭이 습관처럼 벗어나려 할 때
싱싱한 모이를 슬쩍 넣어 준다
맨 처음 넣은 호박 모이는 애매했는지
안개 같은 맛을 풍겼다
쉽게 바뀌지 않는 것이 습성이라면
상큼한 대파로 달래줘야 할 것 같다

빙빙 도는 부위에 버섯 모이를 넣어 준다
적절한 때를 살짝 노리며
국수 면이 닭을 품는다는 일,
믿음은 어딘가로 싹둑 잘려 나가고
잘못 든 거품 속에는 얼빠진 춤이 나왔다
누군가에게 젖는다는 일이 단순하지 않은 것처럼

푹푹 속까지 문드러진 다음
진한 진국을 얻을 수 있었다
속의 뼈들이 뽀얗게 우러날 때까지
그것이 닭을 품은 칼국수와의 화해이다
다정하게 어우러진 모이와의 미학
닭을 뜨겁게 포용한 국수들의 아우라
넘치고 넘친 나머지 걸쭉해진 국물 맛
이것이 잘 고아진 닭칼국수의 진면목이다

동면기

보푸라기들이 엉긴 시간
고개 숙인 채 지문을 놓는 누이
하루 종일 빈 줄만 탑니다
졸린 상처를 지우려다 손톱을 박고
컹컹 기침 소리 바닥을 울립니다

털을 반쯤 벗어내며
앞으로도 가지 못하고
뒤로도 가지 못하는 중심에서
제 그림을 단단히 채우고 있는 거미
등고선 닳은 곳마다
물결 채우기 위해 안간힘 쓰는 누이
재봉이 드르륵 누이를 달리고 있습니다

문틈으로 전단지 몇 장
파르르 떨고
누이의 잔업이 조용해졌습니다
주먹을 날리는 겨울은
아편 같은 추위를 속이고 있습니다
하루 종일 짓무른 누이가
하청 집 전화번호를 뒤적거려 봅니다

시린 이빨처럼 바득바득 눌러보는
오늘 기다린 새가 또 날아갔습니다

문구멍으로 새어든 빛
지문 안으로 실을 감는 거미
저녁의 그림자는 휘어집니다
퀭한 눈 속으로 파고드는 쪽문 밖 눈발
블라인드가 그물처럼 섬섬한 네 평짜리 지하
풀어진 형광빛 아래로
침묵만이 흐릅니다

가을, 기찻길 표지에서

기찻길 레일 선을 밟는다
레일은 새를 감고 구름을 받아 적는다
표지 속으로 들어가
두 장 석 장 낙엽을 굴려 본다
기다리는 사람은 오지 않는다

여러 갈래 겹쳐진 선
레일은 닦고 또 닦는다
맞은편 기차가 사라지고
채 가시지 않는 바퀴살 여운
한꺼번에 수십 장 페이지를 날린다
길고도 단단한 시간
나에게 끝이 없을 듯싶다

잠시 걸음을 멈춘다
눈 감으면 꽃들이 밀려오고
기다리는 사람은 멀리 돌아오는지
난 아직도 거울 속을 들여다보는 중이다

낮달이 찍고 간 방향 따라
부지런히 레일을 비추는 햇빛

넘긴 페이지마다
나를 멈추지 못한다

코스모스 낱장 사이로
흔들리는 얼굴
길 저편엔
노란 버스 한 대 사라지고
난 그만 표지에서 나온다

그 집엔 아무도 없었다

눅눅한 바람 스치는 그곳엔 아무도 없었다
그들이 떠난 후,
마음은 발자국 따라 달려가고 있었다
끊어진 안경다리를 꺼내지도 수리하지도 않았다
날마다 그림자는 두 뼘씩 늘어나고
창은 안부를 흘린 채 무엇을 말하려는 걸까

낯선 꼭대기 집, 뜰을 휘감은 안개
목 꺾인 붉은 장미를 세고 있다
유월을 두서없이 흐려 놓은 가시들
진공 같은 고요는
사흘, 닷새 계속되었고
어느새 목이 두 배로 길어졌다

세상의 뿌리 없는 것들은 아래로 기울어
감나무 그림자 수없이 긁혔다
생각은 어두운 시력을 달고 다녔으며
피어 있는 것으로부터 버려진 기분이었다
조금만 무심을 가장할 수도 있었는데
창문 속 내다뵌 강은 하필 주홍빛을 띠고 있었을까

유리창으로 소리가 퍼져 나갔다
문은 깊어지고
뜰을 건너는 수직의 어둠들
바람은 모퉁이 돌고 돌아
검은 것들은
하얀 뼈를 드러내고 있다

자정의 나무

자정의 나무는 정령이 되어
내 피 속을 빠져나온다
검푸른 외투를 걸치고
숲의 서늘한 방향 따라
죽은 나무를 향해 주문을 외운다

생장을 열고
눈감은 채 매달린 잎새

저녁의 숲을 걷다 보면
하얀 고요가 일어나
사물들은 몸을 뒤척이며
숲의 향기를 마신다

어쩌다 낙하한 새끼 별들이
물속으로 가라앉으면
골짜기를 환하게 비춰주는 달
바람이 잠시
수초 속을 헤집으면
숨은 별들이 반짝반짝

은빛을 내뿜는다

나무의 정령들은 밤새
비파 소리 같은 악기를 흔들며
온 숲을 누비고 다닌다
비릿한 생기를 날개에 채우고
마른 나무속으로 들어가
새로운 부활을 꿈꾸며
긴 시간을 그곳에서 견딘다

어느덧 시간이 흘러
단장한 별들 하늘에 오르고
그곳에서 태어난 정령은
숲에 갇혀
긴 생의 옷을 깁는다

빈집에 들러

바람이 문을 걸어 잠근다
마당의 풀들이 무릎까지 차오르고
햇볕은 마루 끄트머리에 있다

포도나무에 엉킨 우물은 거짓말을 담는다
찬바람 속 나뭇가지들
언제부터 온기를 담지 못하고
쩍쩍 갈라지기 시작한다

문을 잊는다는 것은 어제 일만은 아니다
이웃 말소리는 아득해지고
마당의 폭은 넓기도 하다
바람결에 스산한 소리

옥수수 빈 대궁
바람에 이끌려 가는 잎새
어딘가로 유인을 한다

방 안엔 네가 보던 책들이 뒹굴고
벽시계 울림은 낯설기만 하다

문고리에 찍힌 너의 지문들
가랑잎처럼 여윈 마음 하나
너는 숨어서 우는 새를 알지

문밖엔 더 이상 아무 소리도 들리지 않는다
푸른 입술에 드리운 그림자
너는 지난 이야기들을 천천히 닫는다

막사 안

종축장 더덕더덕 기워진 막사 안으로
살들이 훌쩍 빠져나가고
여기저기 빈 털만 날린다

지푸라기 속으로 휑한 숨소리 행방
바람에 유린당한 것은 양철 조각 날카로움뿐,
벌판의 쌩한 소리만 진술을 서두르는 저녁
양의 몸부림이 자루 속에 납작해지고
뭉쳐진 신음 소리 생생하다

바람에 요란하던
풍물 소리 내려앉고
사방 찢겨나간 살점이
여전히 지푸라기에 깔려 있다
종축장 내부에
간간이 들려오던
양 울음소리 축사를 맴돌 때
목격자 없는 현장엔
침묵만 차갑게 주저앉는다

눅눅한 공기는
숨겨진 시간마저 외면하고
막사는 찢어질 일마저 버거운지
안을 온통 바깥으로 채운다

우리의 저녁

눈 속 핏줄과 고추의 실핏줄이 만나는 지점
눈에서 매운 물이 흘러나왔다
붉은 우리의 저녁
어머니는 마른 씨앗을 털어 냈다

우리가 걱정하는 것은 뒤숭숭한 소리였다
어머니는 안심시켰지만
컴컴한 대나무 속은
우릴 섬뜩한 지하로 이끌었다
오래전 무당이 매달아 논
색색의 리본들이 팔랑거리고
그 소리 잠시 멈추었을 때
조용한 것은 소리 나는 것보다 더 무서워

갈수록 휘청거리는 아버지 몸
어느 날 화단 속에 꽂혀
맨드라미 상체가 부러져 나갔다
무딘 발음이 시작되고
입안에선 침이 흘러나왔다

펼쳐 놓은 고추 씨앗이 어머니를 슬프게 했다
'왜 이리 손질이 오래 걸린담, 이게 뭐 대수라고'
얼마 전 부탁한 친척의 거절
움푹 들어간 구석을 흘기게 했다

대나무 숲은 다시 뒤숭숭했다
그 소리 쉬쉬거리며
문풍지처럼 늘어지는데
무엇 하나 붙잡을 수 없는 밤은 빨리 왔다
댓잎 마찰음 같은 아버지 신음 소리
우리의 가슴은 말려들고 있었다

노견

하늘이 언제쯤 바다이었을까
웅덩이에 걸친 저 깊고도 푸른,
구석 감나무 잎이 날 건너다본다
잠깐 사이 바람이 뒤집다 간다
그림자의 한계, 그것이 곧 나의 한계
매달린 빨래 옷이 건들거린다
주인에게 밥값은 해야지,
나의 소신은 간간이 짖어주는 일
아직 그릇 속 사료는 빵빵하다
목줄 반경 안으로 갈라진 내 목소리
가늘어진 발톱
헛된 설득력도 없다
문구멍으로 들려오는
옆집 노파의 목소릴 따라잡을 수 없다
지붕 위 고양이가 나의 침묵을 조롱할까
마당 안 고요
까치 한 마리 사료를 콕콕 쫀다
시멘트 바닥 위로
무료함이 번갈아 달라붙고
뭉개진 등 자락 위로

바람이 스쳐간다
바깥 경계에
몸은 한없이 쪼그라들고
저절로 고여 드는 동공

뜰 앞 꽃잎은 바람에 흔들거리고
눈까풀로 바라본 문틈의 세상
그 빛들이 나를 흐르게 한다

꿈속의 길

 낯선 산길을 걷고 있었다 노을은 날개 단 듯 다가와 날 감싸주었다 마땅히 돌아갈 곳이 없었다 마지막 남은 햇살 몇 조각, 서늘한 기운이 내 몸을 훑고 지났다 길목마다 손을 흔드는 가지들, 나무는 나무끼리 풀잎은 풀잎끼리 서로 말을 주고받았다

 나무들은 골목처럼 퍼져 있었다 작은 마을처럼 동그랗게 집단을 이루고 있었다 집과 집 사이로 걸어 다니는 나무들, 마치 파도를 일구 듯 풀잎들을 하나씩 일으켜 세웠다 지나가는 바람으로 망치질하여 푸르게 망사문을 지었다 문은 높은 곳에 있었으며, 그곳은 왠지 영혼이 맑은 자만이 갈 수 있겠단 생각마저 들었다 수많은 문을 보며 난 어떤 주술을 읊듯 입술을 달싹거리고 있었다 하늘 방향으로 열린 문은 그야말로 순백을 걸쳐 놓은 듯 흰 안개에 휩싸여 있었다

 눈앞 새 한 마리 나뭇등걸 속으로 사라졌다 새가 가고 나니 바람이 불어왔다 어느 낯선 곳에서 방금 돌아왔다는 착각마저 들었으며, 조금 전 춤추던 그 숲은 검푸른 그림자들 뿐, 난 그만 집으로 돌아가는 길을 잃고 말았다

제4부

빨간 눈

 회색 구름은 소리쳤어 동공은 하나뿐이라고, 그 속에 들어앉아 밥을 먹고 구름을 매만졌어, 꽃들은 하얀 비명을 지르며 여기저기 흘러 다녔어, 빛은 스르르 벗겨졌으며 창문은 우릴 한꺼번에 몰아세웠어, 비가 온다는 건 눈물을 흘린다는 거였어

 눈 속 드리워진 검은 흙들의 우울, 퍼즐처럼 갈라진 바닥 위 침묵들, 새들은 강에 부리를 박고 죽어 나갔어, 슬픔도 묻기 전에 분해되는 새들의 영혼, 붉은 가시들이 점령하고 있었어

 한쪽 귀퉁이에 마른 풀들이 일어나고, 몇 번의 재채기 끝에 다가오는 새벽, 밤잠을 설친 이들은 날마다 안개를 어지럽히고 있었어, 구멍 속으로 아가미 달린 공기가 새어 나오고, 습기의 멍이 늪처럼 깔려 있었어

 어느 날 무공해 공장은 구름 밖으로 추방당하고 나는 빨간 눈 아일 낳는 꿈을 꾸었어

꽃으로 자라나기 위해

들판 속으로
나비가 채 휩쓸지 못한 향기
음매 음매, 소리치는 꽃들로 가득하다
한 잎 낱장 뒤척이는 소리
햇볕 스미면
수평이 밀리듯 반복되는 그 자리의 데자뷔
알 수 없는 건
잎사귀 틈에서 성장한 몸에 관한 일일 뿐

언젠가 꽃의 발단은
봉우리를 잔뜩 머금은 뱃속의 일
안에서 꽃들은 끊임없이 피어나고
한낮의 거품 속으로 이끌려가던 어미를 보았던 일이다
그것이 절묘한 안개로 생성될 줄이야
먹는 일은 꽃을 키우기 위한 일이라는 걸,
달처럼 잠긴 걸음걸이
내부의 꽃송이로 뻗어나간 탓일 것이다

목울대까지 치솟은 엄마의 꽃은 무엇보다 적색일 것이다
내 속의 잎들이 무성히 자랄 때마다

엄마는 짐작했을 것이다
그렇게 안을 꾹 여민 채 이끌려가던 엄마
수평으로 하얗게 말리던 눈빛
여태 꽃의 줄거리를 나누지 못했다

어느 봄날 내 그림자가 한없이 늘어지던 날
꽃이란 피어나지 말았음 싶었다
시간이 무심히 접혀질 즈음
스쳐가는 일마다 그저 바람의 일인 듯
누군가 지어낸 전생 이야기라도 좋았다
이제 내 거죽 바구니엔 꽃이 한가득이다

난 알았다
몸의 크기가 곧 출고 날짜라는 걸,
파란 형광빛 수증기 흘러내리는 곳
식감을 즐기는 신선한 꽃이 되기 위해
얼마나 많은 열매와 사료에 충실했는지를

뿌리 깊은 집

알레르기 일으킨 어둠은
아래로 고개를 숙인다
불빛에 발효된 나머지의 것들
기형화한 뿌리의 일부분일지 모른다

막내는 계단에서 동전처럼 뒹군다
미끄럼 타기는
퍼즐 게임보다도 재미있다
엄마는 가장 명랑한 알을 깨뜨려 요리하지만
어두운 계단에 라이터를 켤 때나
빗물이 스며 걸레질할 때나
무거운 엄마의 입술

얼룩처럼 드리운 단면이
그늘에 쉬고 있는 오후
아홉 개 모서리가 뚝뚝 끊어지고
빗진 바람이 문을 나설 때
바닥을 향한 엄마의 시선

인형 리본을 매달던 엄마

알전구 밑으로 그림자가 풀어진다
우리에게 공중을 비상한다는 일
지하의 세입은 눈먼 시간을 통째로 건너뛴다
한기를 수없이 날리던 겨울
아빠의 부재는 길었고
나는 추리닝 보푸라기를 하나씩 떼고 있었다

유충처럼 작은 알갱이들이 날아와
습지에 씨앗을 틔우려다 허물어진다
뿌리에서 서식하던 일가족
실밥처럼 끊긴 빛의 입구를 바라본다

새

새 한 마리 솟는다
그곳에 여러 갈래 길이 있다
반짝, 하는 곳에 어떠한 구김도 없이
잠시 파문도 일어나지 않는다

날아가는 새에게 그림자란 없다
은빛 고요만이 있을 뿐
받아줄 메아리가 없다
창의 박음질마다 주름살 깊이 간직한 채
한 점 획만이 두 눈에서 멀어질 뿐이다

비릿한 부리를 햇살에 헹구며
그들 뒷모습은 단단하기만 하다
어딘 갈 높이 오르는 새
나무속에 젖은 입김 묻어두고
한나절 풀씨처럼 몸을 맡긴다

단 한 번의 질주로
공중에 부리를 묻은 새들
반짝이는 기억을 잊지 못할 것이다

거친 시간을 등에 얹고
제 흔적 메우느라 해진 날개자락
비틀대는 순간을 주저앉힌다

저녁의 창문 사이로 기울어지는 붉은 날개
그곳에 삭은 둥지 떠다니고
무덤에 안개비 내린다
새의 영혼이 안주하는 곳
빈 울음만 남는다

매운 잔치

유리창으로 번져 드는 햇살
아버지 시선은
새 그려진 벽면에 걸쳐 있다

회색 바람은 지붕 사이로 부고를 냈으며
마을 사람은 가까운 조문을 껌벅거렸다

큰 가마솥에 돼지 삶느라
굴뚝엔 매운 연기가 치솟았다
데워진 영혼 속으로
매캐함이 스며들었다

그것은 까마귀 떼를 불러들이고
죽은 사람 태울 소지품을 수집시켰다
포도나무집 빈 우물에 얽힌
퀴퀴한 소문들이 공기처럼 맴돌곤 했다

마당 안 연기는 이곳저곳 헤집으며
담장 후미진 곳까지 내달리고 있었다
타다 만 것들,

그을음이 묻어난 공기는 수명의 도구와 비슷하다는 걸

모퉁이 검은 재의 흔적
정체 모를 곳으로 짖어대는 개들
매 한 마리 공중을 빙빙 돌고 있다

돼지 옆구리에 칼이 푹푹 들어갈 즈음
지붕 밑 공기 속으로
매운 잔치는 시작되었다
아버지 두터운 잠바와
어머니 상복 치맛단에서
연기는 마지막 묵언을 서둘렀다

정중한 하루

문은 장황해지고 검은 리본처럼 정중해지는 노인
새벽의 불빛은 늙은 화부를 성자로 만든다
두 번째 단추를 고르자, 곧 레일에 빨려 든다
고요히 경 읽는 소리 내부에 퍼지고
낯선 그들의 방,
기다리는 발들이 뚜각뚜각 공중을 서성거린다

그는 이곳에 온 지 반백이 다 되었다
불의 강약에 따라
늘어졌다 줄어졌다 하는 그림자 평수
창 쪽을 흘끔거리는 오랜 습관처럼
불을 가두는 일은 그의 천직이다

사막처럼 안을 걸어 다니는 그
땀방울에 흠뻑 적신 와이샤쓰
불빛 속 줄어든 명패가
그의 지난 이력이다
유리창에 기울어진 잿빛 날개들
거죽을 향해 달려들 듯
마른 속성은 냉정하다

불꽃 틈 사이로 이승이 바싹바싹 타들어간다
샛노란 혀들이 투시구 안을 날름거릴 때
가는 티끌들이 사방으로 솟구친다

소각로가 쿠루룽 울음을 토해내지만
그는 정중함을 잃지 않는다
여전히 납작하게 웃으며
소각로 안을 주머니처럼 흘러 다닌다

다리 한쪽 의자

그가 한곳에 웅크리고 있다 그의 이름을 안다는 것이 결코 쉬운 일이 아닌 것처럼, 그가 거리에 에워싸인 것처럼 보이지만 정작 바라보는 이들은 아무도 없다

벌어진 등받이에 그늘이 드리운다 그것은 끝자락 어설픈 미소와도 닮았다 지금 그가 할 수 있는 최선의 일은 무감각 표정을 짓는 일, 이를테면 정면 나뭇가지에 찍고 간 새의 발자국을 상상하는 일, 또는 눈을 지그시 감고 구두수선 박스 안에서 흘러나온 노래를 경청하는 일이다

나는 그가 어딜 흘러 다니는지 안다 가끔 후미진 공터나 공중화장실 주위에 주저앉은 걸 보았기 때문이다 그가 햇볕을 쬐며 아무 방향이든 의미 없이 바라보는 일, 한쪽 다리를 끄집으며 초가을 가랑비 이야기에 귀 기울인다는 사실조차도

사람들이 하나둘씩 사라지고 그의 하루가 고즈넉할 즈음, 바람마저 더 이상 풍경을 흔들어주지 않는다 저녁을 서두르던 가로수도 어둠을 무장한 채 서 있다 언제나 그가 한쪽 다리를 삐그덕대는 일, 여러 잔재들이 불편한 화음으로

굴러다니는 새벽, 콘크리트 바닥에 몸을 맡긴 그의 노곤한
시간이 서서히 풀어진다

산밭

어머니는 한여름 산밭에서 보냈다

맨 꼭대기에 있는 밭
장마 질 때면
붉은 물이 고랑 타고 흘러내렸다
온종일 무더운 황토밭에
허리끈 동여매고
한낮을 단판 지을 양,
곡괭이를 높이 쳐들었다

빗물에 쓸려간 고추나무 밑동을 꾹꾹 누르며
어머니는 중얼중얼 이야기를 풀어 내렸다
밭이랑 사이로 희끗희끗 어머니 모습
윗도리 적삼이 땀에 흠뻑 젖었다

일곱 살인 나는
큰 소나무 아래
어머니가 깔아준 토란잎 방석 삼아
구멍 속 들락거린 개미들과
흙장난하다 잠이 들었다

굽었던 허리를 다시 편 어머니
이마에 땀 훔치며
고추나무 부러질까 여린 가지 쓰다듬었다
느슨해진 허리끈 다시 조이며
'아야! 목마르지'

덤불 가시 속에 숨어 자란 참외 몇 개
더듬더듬 손 넣어
한 개 툭 땄다
노란 것도
푸른 것도 아닌
주먹만 한 참외
바지에 쓱쓱 문질러
건네주었다
어머니 눈 속에 중턱 위 하늘이 출렁거렸다

이웃은 눈치채지 못했다

빛들은 탈출을 시도했지만
제자리로 돌아오고야 말았다
한낮에 불 켜진 방
그가 전원을 끄지 않은 이유는 무엇이었을까
처음 의도와는 달리
빈집에 켜져 있을
전구 불빛을 염려했을지 모른다

그가 사물의 입장으로 돌아선 까닭은
말 보담 침묵이 소중하다는 걸 알았을까

그의 걸친 청바지에
스며드는 어둠
어떤 의지의 순간은 조심스레 빛나
일부분 온기라도 마주하고 싶었을까
삼 일 동안 한 곳만 고정된 채였다

이틀째 비는 내리고
알림시계 울음이 그칠 때까지
과묵한 이웃은 눈치채질 못했다

눅눅한 적막 속으로
파리들은 엉겨 붙고
그릇된 차분함을 알리고 있었다

은빛 이발

아버지의 방 문고리에 코가 걸려 있어요
하루 종일 코끼리 숨소리가 들려요
간밤에 어지러운 꿈을 꾸었는지
그의 허공이 말려 있어요

문틈으로 엷은 그림자
사선으로 꿈틀거려요
꿈에서도 그의 머리털 자라겠지요
돌아누운 축축한 잎이 되어
옆으로 흘러내리겠지요

그와의 오랜 간격에서
멀어져가는 사람들
서랍 속 누레진
자신 명함을 버리질 못해요

아버지가 깊은 굴속으로 조심스레 가듯
한 손은 벽을 더듬고
다른 손은 문고리를 잡은 채
화장실이 수십 미터 길어요

슬리퍼가 미끄러지지 않도록 버팅기는
엉거주춤한 몸
아슬아슬 좌변기에 안착을 해요

오늘은 햇살이 좋아
어깨 위 낙엽처럼 부스럭대는
은빛을 싹둑 자르기로 해요
들쑥날쑥 허연 이파리의 고요
종량제 봉투에 쓸어 담아요

타이어 명상

타이어에는 끌어당기는 자력이 있다
달이 일렬로 찍힌 나머지 것들
고스란히 새라고 부르지 못할
초조함을 주저앉힌 껍질의 흘림체
일 초의 부력은 군더더기 몇 조각 날린다

풀어헤친 누수 속으로 그림자는 해산한다
달빛 속 타이어 명상
직선의 시야를 붙들고
달아난 표적 위로
무감각 같은 느낌표가 당도한다

지나친 수많은 그림자는 몽환의 일부다
주사위 던지듯 팔랑거리는 바람의 민낯
표정으로 들키는 건 돌멩이들의 저항
동그란 생각에는 시작과 끝이 없다
몇 번씩 돌기를 반복하는
360도가 매일 그 자리

타이어는 고요하다

처음부터 울림만이 메아리쳤을 뿐이다
패인 웅덩이에 물 차오르고
빵빵 터질 듯 극치 속에서
달빛만이 묵묵히 바라본다

외진 도로 안개와의 충돌은
제 살로 여기는 달빛의 수신 때문이다
비가 새어드는 밤에도
바닥을 비워내는 타이어 명상은 홀연하다
통통 튀는 깡통 무덤을 지나
넝쿨 그림자에 감긴 채
낡은 타이어에게
견고한 화두란
끝없는 질주일 뿐이다

오리털 이불

겨울은 털의 만남이 시작되는 계절이다
뼈마디 차가운 통증 스며들면
깃털 입양을 서두른다

외풍 없는 둥지에
터져 나오는 몸속 분란
촘촘한 바늘로
구멍 하나 드나들 수 없을 만치
수십 마리 날개가
일제히 솟을 준비를 한다

어느 날 내 몸속으로 들어와
사르륵 갈퀴 자국 낸다
천천히 숨 들이마시면
푸석한 바람 소리 들려온다

꽁지 털 흔들릴 때마다
가늘어진 눈까풀
꺾인 둔덕마다 주저앉은 깃털
몽롱한 수면 속으로 들어온다

견고히 누빈 무게는 오리들의 힘겨운 물살
더운 여름날
장롱 깊숙이 틀어박혀
어둠을 꿀렁 토해낼 때
계절에 맞춰
사각으로 펼쳐진
오리들의 무대

여기저기 허기 찾아
나른한 몸살 일으킨다
그 간지러운 속삭임 따라
살짝 실눈 뜨고 보면
놀란 털 몇 가닥 꽥꽥거리며
틈새로 오를 기세다
방 안엔 한 조각 빛도 없는데
조용히 지친 속 들여다보는 눈동자들
무거운 때 벗어내기 위해
저 호수 세탁소를 향해
날아간다

공복

온통 갈증으로 차오르던 그 무렵
그리움마저도
만성이 되어 버린 때가 있었다

나의 소리가 죽어가던
깊숙이 밀폐된 창을 기억한다
간이역 같은 적막이 문지방 드나든 시간
노을 한 자락 여위어가고
나무 그림자 길어진다

내 안으로 들어온다는 일
어금니를 깨물며
이불을 둘둘 말아
깊은 잠 속으로 빠져든다

웅크린 골방 속 어둠은
무언갈 말하려는 것 같았다
열린 쪽문 틈으로
고양이 한 마리 지나간다
아주 가볍고 여유롭게

담벼락을 기어가는 일
고양이가 바라보는 그곳
담장 너머 낮은 지붕일까

형광은 빛을 잃어가며
조금씩 깜빡거리는 중이었다
목젖은 말라붙어
허기에 말려들고
나는 냉장고를 수시로 열고 닫았다

게임 속 저편

파란 스크린 속으로 출렁거리는
외곽의 무인 펜션
둥그런 식탁 위
모형 같은 저녁의 식사
시들한 하루살이 떼
복선 깔리듯 퍼즐처럼 채워진 그림자

일회용 컵라면 대신
곧 펼쳐질
노란 카레의 침묵
남자에게 단지 그리움이란
혈흔의 *끈끈함*
조금 후 펼쳐질
시간의 깊이를 상상할 수 없는 것은
꿈이 허방처럼 깊어지기 때문이다

벽면을 사이 두고
어린 아들에게 게임을 시킨 엄마
태블릿 게임 속 벽돌은
수많은 클릭에도 사라지지 않는다

방 저편 숨 가쁜 벽 속의 음성
거친 소음이 몇 번씩 불빛을 가를 때마다
날카롭게 울리는 소리
현란한 게임의 열정은
쉽게 종료되지 않는다

푸르게 빛나는 해안가 저녁
축축한 비를 지우며
미친 덤벙 속으로
여자의 전남편은 왜 따라 들어갔을까

평화로운 가설의 풍경
때론 슬픈 계획 때문에
새로운 풍경이 만들어지기도 한다
콘크리트 바닥이 식탁 위 도마처럼 이뤄진다
굳은 몸이 노래처럼 다뤄진다
스쳐간 파편의 기억들이
빈 방에 버려진다

살을 지워도 비껴가지 않을 증오
그것을 도려내는
너무나 항균적인 불빛
가려진 밤의 내부
조용하고도 치밀한 기록
마침내 칼을 부린 여자의 눈빛은 가늘었을까

건기가 부스럭대는 오월,
즉석으로 비워버린 광기
바람개비를 만들어
아들에게 달려 온 아빠
초저녁 어둠이 명상처럼 고요하다

오래된 한 권

 방 속엔 벌레들이 명상하는 곳이다 한때 수많은 눈빛 속에서 파닥거리던 벌레들, 날개 자락 고요히 내려앉는다 몸에 무늬가 새겨질 때까지 묵언에 잠긴다 기다림을 갉느라 흘려보낸 시간들, 고된 노고에 적막마저 풀석거린다

 병 속 깊은 울림처럼 폐지 위기에 납작 엎드린 벌레들, 맨 처음 입구에서 골방 어둠을 탐색했을 것이다 죽은 자의 음성이 사라진 방, 몇백 년의 시간이 흐르고 퇴색된 빛은 누런 먼지를 말아 올린다 바삭거리는 껍질은 마른 잎처럼 부서졌다 틈새 바람 스밀 때마다 깨알의 날개는 어딘가로 솟을 준비를 했을 것이다

 비 오는 날이면 습기에 둘러싸인 묵은 냄새들, 페이지 속 진화는 누군가의 신념 안으로 파고드는 것, 가끔씩 알의 창고에서 초심을 꿈꿨을 것이다

 나는 오늘 비좁은 몇 칸의 고요를 수리한다 굳은 날개에 온기를 넣어주고 한 권의 방 속에 풀석이는 바람 소리 불어 넣는다 그제야 잠자던 벌레들이 천천히 깨어나며 표지에 힘차게 솟는 소리 들려온다

해 설

전망 없는 세대를 비추는 빛줄기, 최첨단 신서정

이경철(문학평론가)

"소리 없는 정물 속으로 걸어 들어가는 나/ 허공은 바람이 표정이었다는 듯 구름도 빨라지지/ 작은 연못엔 잎의 말이 둥둥 떠다니고/ 언젠가 내 안 진입로에/ 그 하나의 빛과 하나의 어둠을 나눌 수 있는/ 나만의 동심원을 갖고 싶었지/ 날개가 치솟는 정반대로의 방향인/ 낮은 파닥거림을 좇아"

−「새를 깨우다」 부분

시원(始原)을 향한 언어와 이미지의 개성적, 창조적인 시편

권수찬 시인의 첫 시집 『오늘 당신의 장례엔 눈이 내리지』를 읽어내기란 그리 녹록지 않다. 그 밥에 그 나물, 그저 그런 시가 아니다. 지금 21세기 최첨단 문명 시대 삶을 리얼하게 그리면서도 가없이 넓고도 깊은 인간 삶의 뿌리, 우주 창생의 시원을 뒤흔들고 있다. 시인의 구체적 삶에서 우러난 솔직한 언어와 인상적인 이미지로 한 편 한 편 개성적으로 내보인 시편들이라서 우리네 삶과 인간을 뭐라 똑 부러지게 규정할 수 없듯 읽으면 읽어갈수록 다층적인 묘오한 깊이를 드러내고 있다.

지난 세기말부터 우리 젊은 시편들을 읽어내기엔 너무 아팠다. 기억도 없고 전망도 없는, 출구 없는 나락으로 빠져들며 아우성치는 시편들에 독자들은 멀어져 갔다. 기존 서정들도 기억, 추억에 너무 아름답게 매몰돼 천편일률적이고 식상해졌다. 이번 시집 『오늘 당신의 장례엔 눈이 내리지』는 그런 서정과 젊은 시편들의 함정은 피하며 특장들만 잘 살려 결합하며 원체험, 추억의 생생한 현재화로 최첨단 신서정시 세계를 열어젖혀 가고 있다.

2014년 『문학의 오늘』 신인상에 당선돼 문단에 나온 권 시인은 "시의 이미지를 구성하는 탁월한 능력과 시적 완결성"으로 주목받아 왔다. "우리 시대 한복판에서 살아가는 이들의 힘겹고도 아름다운 생의 구체성이 개성적으로 잘 드러나고 있다"는 평이다. 그런 평가답게 이번 시집에서는 경험을 바탕으로 현대적 삶을 구체화하면서도 시인만의 개성적인 세계 인식과 언어, 이미지로 인간의 정체성이 흔들리고 있는 우리 시대 인간의 정체성을 가없이 환기해 주고 있다.

그런 이번 시집의 시 세계를 잘 보여주는 것으로 보여 맨 위에 한 대목 인용한 시 「새를 깨우다」를 보시라. 시인, 화자가 정물 속으로 걸어 들어가고 있지 않은가. 말 없는 허공이며 작은 연못 속으로. 그런 허공과 연못의 정물은 시인이 사는 세계며 우주 아닐 것인가. 그런 말 없고 움직이지 않은 세계에 시인은 말을 주고 빛을 주고 있다. 시인만의 개성적 이미지인 '동심원'이 우주의 표정과 말을 낳고 둥글게 둥글게 삼라만상과 하나가 돼가고 있다.

여느 시에 보이는 새의 날갯짓처럼 하늘로 치솟아 나는 게 아니라 '낮은 파닥거림'으로, 끈 떨어져 자유분방한 비상이 아니라 아래로 아래로 가라앉으며 시인의 먼 기억의 시원을 파고든다. 이게 이번 시집의 세계 인식 방법이다. 지금 우리 시대의 체험에 충실하면서도 인간으로서 끝끝내 포기해서는 안 되는 우주 삼라만상과의 동심원적, 유기적 결속을 놓치지 않으려 하고 있다.

> 얼마나 많은 기류의 씨앗이 이리저리 흘러 다니며
> 성자의 반열에 오르고 싶었을까
> 그 영혼이 가여워
> 침묵은 긴 시간으로 흐르는 걸 거야

새가 담장과 부딪히는 순간
누군가 한 세계를 깨뜨리기 위한 수고로움을 생각하지
― 「새를 깨우다」 부분

위에서 살펴본 시 「새를 깨우다」 첫 대목이다. '기류'와 그런 기류를 타고 나는 '새'는 같다. 둘 다 루틴한 일상, 한 세계를 깨뜨리고 뭔가를 각성해 '성자의 반열'에 오르려는 초심, '씨앗'에서는 같다. 그런 '영혼'들을 가여이 여기는 시인도 같다. 그런 씨앗, 동심원의 같은 족속임을 눈앞에 펼쳐진 정물 속에서 읽어내고 있다.

'정물(靜物)'은 문자 그대로 움직임도, 말도 없는 물건이다. 침묵하는 대자연이다. 거기에 말, 언어를 불어넣어 우리와 한통속의 생명, '정물(情物)'이 되게 하는 게 시인이다. 해서 시어는 일상의 문맥에 따라 소통되는 언어가 아니라 침묵의 언어, 너무 오묘해서 입을 꾹 다물 수밖에 없는 언어도단(言語道斷)의 지경을 드러내려는 언어다.

침묵하는 대자연의 속내를 그대로 보여주는 언어. 그런 침묵의 언어를 쓰니 시가 녹록하게 읽힐 리 없다. 일상의 문맥 따라 순하게 흐르는 언어가 아니라 루틴한 세계를 깨뜨리며 새로운 세상, 세계의 실상에 다가서는 언어와 문맥이니 시가 깊을 수밖에 없다.

도시 문명 지하 체험서 우러난 21세기 상상력과 탈출구

    간신히 화장실 구석에 끼여
    담배를 물고 있는 당신은
    이곳에서 도망치고 싶다는 생각을 언제부터 했는가
    가방에는 지로용지가 구겨져 있다
    금요일엔 일용직 근무를 서고
    쪽창 밖을 바라보는 당신은
    갈수록 욕실 안 거북이를 닮아간다
    건너야 할 문마다 단단하다
    책은 3페이지도 못 넘어가고
    책 속의 깐깐한 주인을 언제 만날 셈인가

    당신은 이제 묻는다/
    '삶도 없이 스스로 묶이다니'
    고시원 옆문으로 빠져나가는 당신은
    습성이 단단함보다 더 치열하다는 것을
                       -「단단함을 빠져나가다」 부분

  고시원을 벗어나지 못하는 삶을 그린 「단단함을 빠져나가다」 후반부다. 모든 것을 포기한, 전망 없는 이 시대의 젊음의 실상을 '당신'을 통해 그대로 드러나게 한 시다. 시인 역시 동시대 젊음의 한 족속이기에 이리 리얼하게 그릴 수 있을 것이다. '삶도 없이 스스로 묶인', 출구 없는 젊음을.

그러면서 '습성이 단단함보다 더 치열하다'는 명제를 내던지고 있다. 단단한 습성을 빠져나가기 위해서. 시 앞부분에서 "기록은 닳고 닳아 지루한 자막으로 새어나간다"며 기록된, 학습된. 몸에 밴 습관은 지루하다며 빠져나가려 하고 있다.

'훈습薰習'이란 말이 있다. 좋은 것을 읽고 들어서 향기처럼 몸에 밴 습관을 이르는 말이다. 앞 세대들에게는 좋은 전통을 받아들여 향기롭게 살게 하는 좋은 말이었다. 그러나 이 시대 젊음에는 이런 말이 통하지 않는다. 비상구 없는 세대에겐 그런 말을 빠져나가려는 습성이 단단하게, 치열하게 배어 있어 세대 간 단절감마저 실감하게 하고 있다.

'토요일 잃어버린 도시 카페' 수증기에 밀린 유리창마다
미래로 가는 문은 없다 벽은 창백하고 냄새나는 창고는 비
워간다 당신이 집으로부터 분실되었다는 것, 발작처럼 행
해지는 지금은 그대로 멈추고 말 것이다
　　　　　　　　　　　　　－「토요일, 잃어버린 도시」 부분

세 연으로 구성된 산문시 「토요일, 잃어버린 도시」 마지막 연이다. 어둡고 축축한 지하 카페를 통해 현대 도시 문명의 인간상을 펼쳐놓고 있는 시다. '미래로 가는 문'이 없는, 전망 없는 세대가 종말론적으로 그려지고 있다. '발작처럼 행해지는 지금은 그대로 멈추고 말 것'이라며.

뿌리가 부풀고 물이 퐁퐁 솟는 곳

거꾸로 매달린 것들,

무엇이든 휘감으며 풍성해졌다

난 물구나무 선 탓으로 머리가 무거웠고

아래로 내리는 지하란 그런 곳이었다

－「거꾸로 부풀기」 부분

  지하에서 물구나무선 채 살아가는 듯한 젊은 삶을 그대로 그리고 있는 시다. 그런 지하 삶에서 삶의 의미를 찾고 있다. 이렇게 이번 시집에서는 지하적 상상력이 지배하고 있다. 왜? 지하에서 거꾸로 물구나무선 자세로 살아가는 것이 최첨단 도시 문명에서 소외된 젊음의 특징적 이미지이기에.

  "모든 걸 길들인 지하는 축축하고도 좁은 하늘이었다"(「벌레에게 천국은 지금」), "은둔의 외벽은 단단할 것이며/ 나는 저 안개 같은 외투를 걸칠 것이다"(「그 겨울, 떠나는 날」 부분), "비가 그치면,// 나도 저 잎사귀 따라 지상으로 올라가고 싶어요"(「지하 장마」 부분) 등. 이번 시집 곳곳에 '지하'라는 말과 이미지가 드러나고 있다.

  "도시 그늘에 묻혀/ 공유 없는 세상/ 하루 종일 무거운 휴일을 끌어안고/ 먼 산처럼 앉아/ 어슬렁어슬렁/ 아무도 건들지 않는/ 나만의 구역/ 이것이 은둔이지/ 오늘도 사각에 갇혀 거인 꿈을 꾸지"

시집 앞에 실린 '시인의 말'이다. 이 말처럼 시인은 도시 그늘, 그것을 대표하는 지하 사각에 갇혀 은둔하는 시를 쓰고 있다. 아무도 건들지 않는 자신만의 시, 21세기 대책 없는 세대의 시 쓰기를 하고 있다. 그러면서 '거인의 꿈'도 꾸고 있다. 이게 전망 없이 나락으로만 더 처절하면서도 황당하게 빠지고 있는 여느 젊은 시편들과 이번 시집은 다르다.

> 가끔씩 발톱이 길어나 몸살 앓은 고양이
> 산만해진 두 눈빛은
> 어둠 속을 지긋이 노려볼 것이다
> 비좁은 구석
> 좀처럼 소음이 끊이질 않는 곳
> 난 가끔 그곳을 바라보다
> 잠을 설치기도 한다
> 지하엔 나
> 이층엔 고양이
> 각자 밀폐된 공간에서
> 우린 서로 밀당을 한다
> ―「고양이와 밀당」 부분

네 연으로 구성된 「고양이와 밀당」 마지막 연이다. 앞 연들에서 이층에 사는 고양이와 지하에 사는 나를 각각 묘사, 상상해나가다 서로 합치되고 있는 대목이다. '우린 서로 밀당을 한다'며.

  지하에서의 은둔의 삶, 그것은 소통 불능과 거부, 그래서 외톨이 고독의 나락에 빠지는 대표적 현상일 것이다. 금세기 들어 기승을 부리던 거개의 젊은 시편들도 그랬다. 그러나 위 시에서는 고양이와 나는 서정적으로 일체가 되어 '밀당', 소통하려 하고 있다.

> 내 안으로 들어온다는 일
> 어금니를 깨물며
> 이불을 둘둘 말아
> 깊은 잠 속으로 빠져든다
>
>   -「공복」부분

  다섯 연으로 구성된 「공복」 부분이다. 시인은 이제 담장 너머, 지붕을 바라보고 있다. 지하에 갇혀 있으면서도 시인 자신 안으로 들어가 저 담장 너머 지붕을 바라보고 있다. 지하 생활에 허기질 대로 허기진 공복에 뭔가 새로운 세계를 향한 갈증이 솟고 있다. 이게 시인이 이 시집 전체를 쓰는 상황이며 시작 태도다.

삼라만상과 어우러지던 원체험과 21세기 현재진행형

결합

어머니는 한여름 산밭에서 보냈다

맨 꼭대기에 있는 밭
장마 질 때면
붉은 물이 고랑 타고 흘러내렸다
온종일 무더운 황토밭에
허리끈 동여매고
한낮을 단판 지을 양,
곡괭이를 높이 쳐들었다

(중략)

일곱 살인 나는
큰 소나무 아래
어머니가 깔아준 토란잎 방석 삼아
구멍 속 들락거린 개미들과
흙장난하다 잠이 들었다

　　　　　　　　　　　　　-「산밭」부분

　일곱 살 때 기억을 풀어낸 시 「산밭」부분이다. 그런데도 지금 눈 앞에 펼쳐지는 것처럼 생생하게 떠올리고 있다. 산꼭대기 밭을 한여름에 적삼이 다 젖도록 일구는 어머니, 그리고 그런 어머니 모습을 흙장난하며 지켜보는 화자 모두 자연과 함께 어우러지던 원체험을 이 아스팔트 최첨단 도시 문명 시대에 환기하고 있다.

  도시 지하 은둔의 삶의 '공복'을 위 시 한 대목처럼 "아야! 목마르지"하며 참외를 하나 따 건네주던 어머니의 말로 채우고 있다. 위 시로 보아 시인은 아스팔트에서 나고 자란 아스팔트 세대가 아니라 원체험 세대다. 그래선지 싫든 좋든 어머니, 아버지가 시에 종종 등장, 원체험을 떠올리며 지하 은둔 삶의 비상구를 트려 하고 있다.

> 온통 눈부신 빛이다
> 마당조차 싫증날 것 같은 오후
> 빈터엔 그림자 길어지고
> 화단이 햇볕을 쬔다
> 웅크린 그림자 속으로 펼쳐진 기억
> 후미진 어느 날 오후를 만난다
> 얼핏 내다본 저편,
> 그날도 햇볕이 따가웠다
> 어머니가 화단에 걸터앉아
> 손톱에 봉숭아 꽃잎을 싸매 주었다
>   -「기억 속 화단」 부분

  현재와 과거를 이편저편에 동시에 놓고 들여다보고 있는 시다. 빛이 눈부시게 쏟아지는 꽃밭의 대낮인데도 그런 환

한 빛과 꽃에도 싫증이 나도록 현재의 화자는 이편 '두꺼운 슬픔'을 살고 있다. 그러나 저편에는 봉숭아 꽃잎 물을 들여주던 어머니가 꽃밭 화단에 걸터앉아 있다. 그러면서 '슬픔 대신 그리움'을 불러일으키고 있다.

> 눈 먼 씨앗으로 날아들다 풍경 속 침묵이 된 당신, 뿌옇게 식은 허기만 골라 빛깔 고운 햇살로 풀칠하련다 긴 한숨을 위로하며 굳어진 영혼을 포장한다 축 늘어진 젖가슴 같은 봉분에 여문 살 톡톡 채워 넣는다 당신의 그 질긴 매듭 속으로 향 한 자루 꾹 심고 맑은 술 한 잔 올리니, 저 소나무 당신 마음인 듯 살랑살랑 나뭇가질 흔든다
>
> ―「한식제(寒食祭)」 부분

세 연으로 구성된 산문시 「한식제(寒食祭)」 가운데 연이다. 어머니인지, 조상인지의 산소를 찾아 제를 올리는 모습에서 우리네 정갈한 전통을 떠올리게도 한다. 정성스레 제사를 올리니 "저 소나무 당신 마음인 듯 살랑살랑 나뭇가질 흔든다"며 우주 삼라만상이 감읍하며 어우러지는 풍경도 잘 떠올리고 있지 않은가.

그리고 "눈 먼 씨앗으로 날아들다 풍경 속 침묵이 된 당신"이라며 삼라만상 돌고 도는 유전(流轉), 우리 민족 특유의 사상이며 미학인 접화군생(接化群生) 풍류의 오묘한 도(道)도 단박에 잡아내고 있다. 이렇게 원체험, 풍류에 익숙하면서도 왜 시를 예쁘게 순탄히 흐르게 하지 않고 비틀며 낯

설게 하는 것일까.

> 안개 속으로 들어가는 이들은
> 옆구리에 아리송한 자루를 하나씩 매단 채
> 깊은 물속처럼 걷는다
>
> 기억에도 없는 길을 더듬는다
> 과녁을 좇아가던 그를 한 번도 의심해 본 적 없다
> 종이꽃 하나 접어 희미해진 행렬에 끼워 넣는다
> 아련한 향기를 지우러 가는 중이다
> 텅 빈, 저 문드러진 눈빛을 누가 다독여줄까
> —「새벽 강」부분

 새벽에 강가를 거닐며 길어 올린 시이다. 이번 시집에 음울함, 전망 없음을 대표하며 많이 드러나고 있는 '안개' 이미지가 지배하고 있는 시다. 안개 자욱한 새벽 강가를 걷는 이들은 "자루를 하나씩 매단 채/ 깊은 물속처럼 걷는다". 여기서 '자루'는 무엇일까. 시 문면처럼 '아리송'하지만 자신들만의 추억이며 기억이 아닐까. 추억의 깊은 물 속을 거니는 것은 아닐까.
 그러나 시인은 그런 추억, 기억에도 없는 길을 더듬어 걷는다. 안개 속 강가를 걸으며 추억의 아련한 향기를 지운다. 서정시 일반이 추억을 아름답게 떠올리고 있으나 시인은 추억을 비틀고 없애가며 기존 서정시법에서 벗어나고 있다. 시원에서 자신만의 세계를 새롭게 창조하기 위해. 그래 시가 현대적이고 그리 녹록지 않게 읽힌다.

진솔한 체험과 탄탄한 시작법이 빚어내는 신서정의 빛

> 물동이에 비친 구름 한가롭게 횟감을 뜬다
> 누군가를 기다린 듯 오후 시장
> 진열대 위 뒤집힌 가오리 한 마리
> 팔딱거린다
>
> 구석에 비스듬히 포갠
> 빈 스티로폼 몇 개
> 냄새에 짓무른 바다의 잔재
> 생선 박스마다 얼음 조각 흘러내려
> 알록달록 패인 지도 위로
> 모여든 쇠파리
>
> 한낮을 겹겹이 치장해 버릴 듯
> 끈끈하게 달라붙는 바람
> 바닥엔 이미 하루 노고가 질척거렸다
> 맞은편 모퉁이에 쌓인 소금 무더기
> 짭조름한 물에 전이된 가게를 벗어나면
> 바깥은 온통 출렁거리는 모니터
>
>   -「오후 해안 시장」부분

바닷가 어물 시장 한 가게를 신선하게 그려나가고 있는 작품이다. 카메라 모니터 보듯 현장을 생생하게 묘사해 나가고 있다. 그러면서 시인의 그때그때 느낌이 최소한으로 끼어들고 있다.

'횟감을 뜬다', '뒤집힌 채 팔딱거리는 가오리', '냄새에 짓무른 바다의 잔재', '질척거리는 하루 노고' 등 어물전 묘사에 딱 맞아떨어지는 느낌의 인상은 21세기 젊음의 전망처럼 어둡고 무겁다. 그러면서도 출렁거리는 바다 같은 생동하는 바깥세상 모니터도 보여주고 있다.

안개 같은 집이다
빈 바람만 회오리치다 쪼그라든 담장
문을 열자, 마당 한 켠 물음표마냥 서 있는 지팡이
저 오동나무 지팡이는 숙명처럼 늙어갈 것이다

어느 날부터 마른기침이 되어버린 뒤란의 바람
일부 온기는 흰 눈처럼 날아갔다
굳어진 것은 이완을 거쳐야만 수순해지는 법
아래로 수그러진 겨울의 진통들
창백한 외벽의 틈새와 닮았다

차츰 엷어져 가는 헐거움과도 같은 부재
영혼의 눈빛마저 싱싱한 사진 속 아이
지난 향기 수없이 더듬거렸을 것이다

벽 모서리에 희게 바랜 무늬들
주름처럼 몇 가닥 갈라졌다
말라붙은 독소가 묵은 경이로움이 될 줄이야

먼지 덮인 마루 건반에 묵념 한 조각 올린다
언제 허물어질지 모를 이 집의 정체는 잠겨 있을 때만 집이다
문은 그것을 지키기 위해 긴 세월을 바람 핀으로 채웠을까
꺼져가는 빛에 서식을 꿈꾸는 바람
문마다 검푸른 레일을 풀어헤친다

해 질 녘 늙은 거미 한 마리, 나무 기둥 둘둘 감는다
　　　　　　　　　　　－「저녁 사물의 소리」 전문

언제 허물어질지 모르는 낡은 집을 들어서면서부터 꼼꼼하게 묘사해 나가고 있는 작품이다. 뒤란에 부는 바람이며 지팡이며 외벽이며 마루며 문 등 말 없는 사물 등을 대신해 말로 묘사하고 있지만 왠지 시인의 내면 풍경을 보고 있는 듯하다. 지금까지 살아오면서 느낀 것들이 켜켜이 쌓인 평생이 인상적으로 현재화되고 있는 시로 읽힌다.

빛바랜 벽 모서리 무늬들을 보며 "말라붙은 독소가 묵은 경이로움이 될 줄이야" 하는 탄식에서 낡은 집은 시인의 내면 풍경임을 드러나게 하고 있지 않은가. 언제 허물어질지

모르는, 밖과 차단돼 잠겨있는 낡은 집의 정체는 시인의 위태로운 내면 풍경임이 그대로 드러난다. 그러면서도 '꺼져 가는 빛에 서식을 꿈꾸는 바람'이라며 석양의 사그라지는 빛을 머금은 바람을 인상적으로 묘사하며 지하나 안개 같은 어두운 세계에도 한 줄기 빛을 머금게 하고 있다.

  이처럼 이번 시집에서 권 시인은 21세기 전망 없는 젊은 세대의 삶을 인상적으로 보여주고 있다. 그러면서도 '꺼져 가는 빛에 서식을 꿈꾸고' 있다. 지하에 살면서도 빛으로 '온통 출렁거리는 모니터' 같은 바깥, 새로운 세계의 전망을 보여주려 하고 있다. 추억이나 기억을 거슬러 원체험의 시원에서 세계를 새롭게 인식하고 창조하려 하고 있다.

    땅속 뿌리들이 출가를 한다 산문(山門)에 들려오는 소식들
    쏟아지는 새벽의 입구
    바람을 밀면 숲이 솟고
    물을 밀면 여러 갈래의 뿌리가 읽혀진다
    바위 갈라진 틈에서 새어나오는 소리
    숲은 온통 열리는 손잡이가 된다

    나무속에 흐르는 경소리와 함께
    눈 뜨면 생겨나는 잎들의 정체
    내피 속 숨은 눈들이 운판을 찍는 중이다
    잎 가장자리까지 번져드는 기(氣)

숲속 시끄러운 살림 철이 되면
새도 가지마다 건널목을 새겨놓고
이쪽저쪽 옮겨 다니며
묵은 날개를 재수선한다

안과 바깥이 허물어진 날부터
넝쿨을 따라 해본 나무의 솜씨
햇빛과 사다리로 이어져
맑은 종소리를 내기 시작한다
수십 개의 눈동자를 찍어낸 나무들
굴러다니는 잎새는
바람이 내려놓은 신발들이다

소리 나는 종을 수집하는 난
향기 가득 찬 숲 속 법당에
푸른 잎 경전을 가득 채우고 싶다

−「입춘경(入春經)」 전문

  봄을 맞아 소생하는 숲속 나무들을 산중 사찰에 비유해 펼쳐놓은 「입춘경(入春經)」이다. 이번 시집에 실린 여느 시편보다 밝은 기운이 넘치는 시다. 첫 행에 보이는 대로 땅속, 지하에서 출가해 빛 밝은 산문으로 올라온 시다. 닫힌 문을 열고 안과 바깥을 허문 시다. 그래서 새와 햇살과 푸른 잎새를 내는 나무들과 바람 등 삼라만상과 하나로 밝게 어우러지며 소통하고 있는 시다.

"새 한 마리 솟는다/ 그곳에 여러 갈래 길이 있다/ 반짝, 하는 곳에 어떠한 구김도 없이/ 잠시 파문도 일어나지 않는다"(「새」부분). 비상해야 할 새가 지하에서 '묵은 날개 재수선'을 충분히 했으니 이제 이렇게 환한 햇살 속으로 비상하는 구김 없는 시 많이 보여주며 큰 시인의 길을 걸으시길 바란다.